Hervé Puydebois

Apprentissage de la lecture à partir de l'album

Les trois brigands

de Tomi Ungerer
(l'école des loisirs)

l'École/l'école des loisirs
11, rue de Sèvres, Paris 6e

Dans la même collection:

POUR LA GRANDE SECTION DE MATERNELLE:

Où vas-tu Petite Souris? *de Robert Kraus, José Aruego et Ariane Dewey* (1er trim.) par A. Prinsaud

Mise en réseau de quatre albums sur Noël (1er trim.) par A. Prinsaud

Bon appétit! Monsieur Lapin *de Claude Boujon* (2e trim.) par A. Prinsaud

Arthur a disparu *d'Arnold Lobel* (3e trim.) par A. Prinsaud et S. Lévis

POUR LE COURS PRÉPARATOIRE:

Viens jouer avec moi, Petite Souris! *de Robert Kraus, José Aruego et Ariane Dewey* (1er trim.) par B. Plas

Les chaussures neuves et **Le bébé bonbon** *de Claude Ponti* (1er trim.) par D. Piveteaud

Toutou dit tout *de Claude Boujon* (2e trim.) par B. Plas

Jean-Loup *d'Antoon Krings* (2e trim.) par D. Piveteaud

Une nuit, un chat... *d'Yvan Pommaux* (2e trim.) par D. Piveteaud

Le loup est revenu! *de Geoffroy de Pennart* (2e trim.) par D. Piveteaud

L'anniversaire de Monsieur Guillaume *d'Anaïs Vaugelade* (3e trim.) par R. Salerno et V. Rousseau

Porculus et **Isabelle** *d'Arnold Lobel* (2e trim.) par A. Prinsaud et S. Lévis

Les trois petites cochonnes *de Frédéric Stehr* (2e trim.) par A. Prinsaud

Le magicien des couleurs *d'Arnold Lobel* (3e trim.) par B. Plas

Léo *de Robert Kraus et José Aruego* (3e trim.) par H. Puydebois

John Chatterton détective et **Lilas** *d'Yvan Pommaux* (3e trim.) par D. Piveteaud

Péric et Pac *de Jennifer Dalrymple* (3e trim.) par D. Piveteaud

Coyote mauve *de Cornette et Rochette* (3e trim.) par D. Piveteaud

La petite poule rousse *de Byron Barton* (3e trim.) par R. Salerno et V. Rousseau

POUR LE COURS ÉLÉMENTAIRE PREMIÈRE ANNÉE:

Petit Gris et **Flon-Flon et Musette** *d'Elzbieta* (3e trim.) par D. Piveteaud

La soupe à la souris *d'Arnold Lobel* (3e trim.) par A. Prinsaud

Le géant de Zéralda *de Tomi Ungerer* (1er trim.) par A. Prinsaud

Une histoire à quatre voix *d'Anthony Browne* (1er trim.) par A. Prinsaud

L'intrus *de Claude Boujon* (2e trim.) par A. Prinsaud

Le navet *de Rascal et Isabelle Chatellard* (3e trim.) par R. Salerno et V. Rousseau

POUR LE CYCLE II:

Exercices phonographiques en marge de la lecture d'albums par A. Prinsaud

Mon premier cahier de sons et de lettres (GSM) par A. Prinsaud

Mon deuxième cahier de sons et de lettres (CP) par A. Prinsaud

Sept histoires de souris *d'Arnold Lobel* (1er trim.) par A. Prinsaud et S. Lévis

---

Réf. Loi du 11.03 1957
Dépôt légal : septembre 2008
Imprimé en France par Pollina s.a., 85400 Luçon - n° 48147
ISBN 978-2-211-71300-9

APPRENDRE À LIRE SUR DES VRAIS LIVRES

Apprendre à lire demande un effort; si aucun plaisir ne vient récompenser cet effort, le porter, ou si ce plaisir promis n'est qu'un objectif lointain, alors on risque d'écœurer, de décourager, ou tout simplement (et ô combien tristement) de désintéresser.

Il ne s'agit pas ici de convaincre, ni d'exposer de grandes théories sur lesquelles bien des spécialistes s'entendent aujourd'hui et que la plupart des enseignants connaissent au quotidien.

Seulement, entre le constat et le désir d'un côté et la mise en pratique de l'autre, il y a un fossé que de multiples contraintes empêchent trop souvent de franchir. C'est à ce public-là que nous voulons nous adresser, afin de *faciliter une pratique désirée en fournissant des outils simples et concrets.*

Il fut un temps où la littérature de jeunesse ne consistait qu'en une pâle copie de celle des adultes: *les enfants ont aujourd'hui le choix dans un vaste éventail d'ouvrages de qualité.* Parmi ceux-ci, de nouveaux «classiques» sont connus et reconnus de tous: c'est avec ceux-ci que nous avons choisi de travailler: les albums de l'école des loisirs. Toute une philosophie que l'on retrouve en outre dans les ouvrages plus pédagogiques de l'École...

Ainsi donc, il s'agit ici de proposer *non pas une méthode, mais une approche de la lecture au cycle II qui joigne l'utile à l'agréable, le plaisir à la lecture.*

L'écueil à éviter absolument est que la technique vienne sournoisement reprendre le pas sur la joie de la découverte, de l'anticipation; mais nous faisons pour cela confiance à ceux qui auront choisi de faire l'effort d'oublier un peu les manuels... Pourtant, on trouvera dans notre démarche quelques pistes qui font référence à la combinatoire, à de véritables exercices techniques sans lesquels aucun apprentissage réel de la lecture ne pourrait se concevoir, des outils qu'il est de notre devoir d'enseignant de fournir; mais tous ceux-ci doivent se soumettre *au plaisir de la découverte* que ne manquent pas d'éveiller les albums choisis.

Aussi, si parfois les documents sont nombreux, c'est pour permettre à l'utilisateur d'y piocher, d'y choisir en fonction de sa propre sensibilité ou de l'hétérogénéité des élèves, mais certainement pas de s'y sentir contraint.

La démarche engagée dans les pages qui suivent porte sur un des plus célèbres des albums de l'école des loisirs: LES TROIS BRIGANDS de Tomi Ungerer.

PRÉSENTATION GÉNÉRALE

Ici encore, il ne saurait s'agir de construire un carcan, mais bien d'offrir des aides, en donnant un exemple de mise en application pratique et expérimentée en classe.

Pour rester fidèle au souci de **réalité de la situation de lecture**, il vaut mieux, que **chaque enfant** ait en classe **un exemplaire** de l'album découvert, le grand format broché restant préférable, pour des petits («À petit enfant, grands outils»...); cependant, selon la politique de la classe et/ou de l'école, des éditions encore moins chères peuvent être envisagées: les albums appartiennent-ils à la classe définitivement - auquel cas il vaut même mieux qu'ils soient cartonnés? Si les albums sont destinés à être acquis par les enfants à terme, peut-on ou doit-on laisser le choix aux familles en fonction de leurs moyens?..

Quels que soient ces choix, nous savons (par expérience) risqué que le livre quitte la classe, du moins pas avant sa lecture complète: car qui peut garantir qu'un parent, un ami, un frère... saura résister au plaisir de lire à l'enfant l'album entier, ou à la tentation de l'«aider» en avançant un peu son déchiffrage?

C'est le «suspense» et/ou le plaisir que l'on risque de voir s'échapper alors...

Par contre, entrent dans nos objectifs **l'appétence de l'enfant pour le livre-objet... et sa possession pleine et entière**, au terme de chaque ouvrage. On trouve par là un moyen de faire s'approprier quasi matériellement par l'enfant son propre savoir, de faire entrer le livre dans la famille, d'ouvrir l'école sur l'extérieur, de commencer pour chacun à constituer sa modeste bibliothèque... **Quelle joie d'avoir son premier livre que l'on sait lire tout seul!**

Cependant, dès la première séquence, il faut bien entendu que l'enfant puisse à la maison relire le texte découvert et ses «dérivés» (que l'on trouvera dans les documents annexés à chaque séquence).

En classe, le maître (la maîtresse) disposera de son propre album qui lui sera souvent utile pour illustrer ses propos.

En connaissance des contraintes et obligations d'un enseignant dans sa classe, une **fréquence hebdomadaire** ou bihebdomadaire de ce type de séquences de lecture nous a paru raisonnable, à raison **d'une durée moyenne d'1 h-1 h 15 chacune** (soit à peu de chose près la durée «normale» d'une séquence de lecture en CP), avec des changements de rythmes la découpant en phases bien distinctes (*Cf. la présentation des fiches et les fiches-séquences elles-mêmes*), et parfois une deuxième séance sur le même support quand la richesse de l'extrait empêche son exploitation sur une seule séquence.

La progression développée dans ce livret au fil des séquences a été bâtie en fonction de ces options-là, c'est-à-dire qu'elle couvre **une période** (5 à 7 semaines), le moment «moyen» d'opportunité nous paraissant **après Toussaint** (2e période de l'année).

Chaque séquence est lancée par l'extrait de l'album présenté lui-même et les **hypothèses, observations** et **déductions** pertinentes que ne manquent pas de faire les enfants dans ces situations-là: sur cette fondation repose tout notre travail.

Chaque séquence présentée doit demeurer le plus possible **un moment de lecture vraie**: le **plaisir** devra y être entretenu, même à travers les moments d'«entraînement» qui seront organisés de la façon la plus **ludique** possible (*«au bout de cinq bonnes interventions on gagne, faire preuve d'humour dans les sons ou les mots»... et toutes ces approches que les enseignants connaissent en pratiquant...*).

Nous essayons de fournir pour cela des outils dans le détail des fiches, que nous présentons d'abord de façon générale.

LES FICHES-SÉQUENCES

Dans un souci d'efficacité et de rapidité, toutes les fiches-séquences sont présentées sous une même trame, en quatre parties: support, pistes, exercices et documents.

SUPPORT

Sous ce titre est présenté le texte servant de support à la séquence. Il devra figurer au tableau noir de la classe, de préférence en écriture cursive pour que les enfants s'habituent à la correspondance script-cursif.

PISTES

Les indications portées dans cette rubrique portent sur des points sur lesquels il nous a paru le plus important de s'attacher; on y trouve essentiellement des travaux sur le sens, les hypothèses, les indices de lecture, mais également des pistes pour l'écriture et des prolongements possibles (BCD, arts plastiques).

EXERCICES

Encore une fois, ce qui est proposé là, sans prétendre à l'exhaustivité, est un catalogue d'activités de renforcement pouvant faire suite à la découverte par le sens, un réservoir d'idées, des travaux le plus souvent collectifs à réaliser avec le groupe-classe; quelques-uns sont réexploités par la suite dans des exercices individuels - un astérisque (⋆) le signale alors -: ce sont ceux-là, malgré leur caractère «technique», qu'il faudra proposer de la manière la plus «légère» possible.

Parmi ceux que l'on retrouvera plusieurs fois:

Les gammes

Il s'agit de travailler, comme en musique, techniquement, sans sens (le fait d'isoler justement ces activités évite les confusions), à partir d'une construction syllabique découverte dans l'album, et de jouer avec, manipuler de plus en plus vite.

Exemple:

troi→tr + voyelle	bri→br + voyelle
tri	bri
tro	bro
tru	bru

On inscrit en les composant avec les enfants ces deux listes au tableau, et tous ceux qui arrivent à en lire 5 ont gagné (Remarquez qu'il est intéressant de partir du mot, d'effacer la fin, de la remplacer par un autre son, et de voir ainsi les constantes et les différences graphies-phonies).

Le tableau rapide

Il s'agit d'un petit tableau portable (une simple planche de contre-plaqué léger couvert de papier collant pour feutre effaçable) d'environ 70 x 10 cm, très utile pour les activités de lecture rapide, peu coûteux puisque très facile à confectionner (Cf. les fiches-séquences pour ses utilisations pratiques).

Exercices «Lamartinière»

C'est une technique qui consiste à faire écrire par les enfants leurs réponses sur leurs ardoises, et à les montrer au signal du maître (de la maîtresse); les enfants apprécient ces moments, qui ont également le mérite d'être courts tout en travaillant l'écrit (et l'écriture).

Recherche de mots

Il s'agit de trouver des mots comportant tel son ou telle graphie dans l'extrait, plusieurs extraits, l'album entier,...

On trouvera bien entendu d'autres activités dans les fiches séquences, mais, dans la mesure où on ne les rencontrera qu'épisodiquement, elles seront explicitées au fur et à mesure de leur apparition.

Documents

Suivant ces trois premières rubriques (support, pistes, exercices), des **documents directement exploitables** sont présentés, généralement sur trois pages: ils peuvent - l'éditeur l'autorise - **être photocopiés** et sont destinés aux élèves.

Ils sont constitués d'**exercices individuels**, parfois d'**étiquettes**, et de «**textes dérivés**», phrases ou mots découverts ou construits à partir du texte; ces derniers permettent de **renforcer les acquisitions hors contexte**, la connaissance «par cœur» jouant moins ainsi, et constituent également des **supports de lecture/relecture à la maison**.

Un choix entre plusieurs niveaux/quantités est quelquefois offert à l'enseignant.

SÉQUENCE 1

SUPPORT
La couverture des «Trois brigands»

PISTES :

Lecture

➟ Il va s'agir essentiellement pour cette première approche de faire parler l'image... mais aussi dans un second temps d'identifier la fonction des trois lignes bien distinctes sur cette couverture... et donc d'aborder les notions de titre, auteur, éditeur...

➟ Les enfants porteront leur effort sur le sens, et en cherchant le titre feront des hypothèses sur le contenu du livre; il leur faudra certainement l'aide du maître (de la maîtresse) pour le nom de l'auteur, mais le prénom est facilement déchiffrable...

BCD/Bibliothèque

➟ Le réinvestissement des notions de titre, auteur, éditeur serait intéressant à travers des activités de recherche et de tri...

EXERCICES

• **Gammes :**

Trois : tri, tro, tru, troi, tre... comme dans vitrine, trottinette, truc, patatras, vitre, trois...

Brigands : bro, bra, bru, bri, bre... comme dans abri, brique, fabrique, arbre,...*

• **Trouver le bon mot** (un du titre, bien sûr) parmi ceux que le (la) maître(sse) écrit au tableau.

• Donner au maître (à la maîtresse) (oralement) pour les écrire au tableau **des mots en [r], en [wa]** ; jeux de **reconnaissance de ceux-ci**.

1. Entoure si tu vois «**br**»:

un brigand une brique

un bras une escadrille

une vrille ça brille une grue

2. Complète:

Le☐ t☐ois briga☐ds

3. Colorie le prénom de l'auteur:

TIMO LOMI

TOMI TONI

TROIS

Étiquettes pour reconstituer des phrases dictées ou avec modèle:

C’est	l’	histoire	de
brigands	.	d’	trois
six	deux	un	une

«Textes dérivés»: Phrases ou mots connus des enfants après le travail en classe, et dont on renforce l’acquisition par un emploi hors contexte (hors album), en un temps différé (fin de journée, maison…):

☞ C’est trois brigands.
☞ Il y a trois brigands.
☞ Un brigand, deux brigands, trois brigands.
☞ C’est un brigand? Non, deux brigands. Non trois!
☞ Un brigand, c’est un voleur, un méchant, un bandit.

Texte dérivé:

Un **bri**gand ◊ une **bri**que ◊
il fa**bri**que ◊ un ar**bre** ◊
trois ◊ un **tr**icheur ◊
une **tr**ottinette ◊ un **tr**uc ◊
pata**tr**as ◊ une fenê**tre** ◊ **tr**op

Texte dérivé:

C'est trois brigands.
Il y a trois brigands.
C'est l'histoire de trois brigands.
Trois brigands? Oui, trois brigands.
Un brigand ➟ des brigands.

SÉQUENCE 2

Support

Texte et image du début de l'histoire elle-même:

Il était une fois trois vilains brigands, avec de grands manteaux noirs et de hauts chapeaux noirs.

Pistes

Lecture

➟ Les enfants ressortent facilement de l'image **noir, chapeaux, manteaux...**
On se reporte alors au texte pour valider:

➟ *Est-ce que tu crois que c'est écrit dans le texte?*
Comment te paraissent-ils?
Où vont-ils?
Pourquoi sont-ils ainsi habillés?

Exercices

• **Gammes**

GRAND→GR + a, e, i, o, u, an...

• Extraction des mots où tu vois **A**: vilains, brigands, avec, grands, manteaux, hauts, chapeaux. Selon le niveau d'analyse en cours dans la classe, tri en **[a]**/~~**[a]**~~.

• **Discrimination auditive**

[a] ou **[ã]**. Le document permet aussi d'extraire les plus faciles pour lire...*

• **Orthographe**

grand/grande: Le maître (la maîtresse) donne des mots oralement, les enfants doivent dire (ou écrire sur l'ardoise) si c'est *grand* ou *grande* qui conviendrait...*

Étiquettes pour reconstituer des phrases dictées ou avec modèle:

brigands	manteau	le	un
a	grand	fois	!
avec	un	noir	chapeau
vilain	une	.	du
brigand	c'	des	méchant
était	?	il	

Complète avec **grand** ou **grande**:

C'est une.. fille.

Le brigand a un.. manteau.

Il a un.. chapeau.

Cette voiture est.. .

Ma maison est.. .

Relie les syllabes :

bri •	• pillon
pa •	• gand
voi •	• teau
man •	• peau
cha •	• ture
vi •	• lain

Écris en lettres attachées :

Il était une fois trois brigands.

Texte dérivé :

un plan	le vent	il ment	il est gras
un banc	un rang	un pas	il va
une pente	une dent	une patte	un orage
je lance	un gant	un plat	un crabe
il est grand	la langue	le bas	elle passe
il vend	le temps	un as	il chasse
la chance	cent	je lace	un lapin

Texte dérivé :

Il était noir. Il était méchant et vilain.
Il était grand ? Non, il n'était pas grand.

Texte dérivé :

Il était méchant ?
Non, il n'était pas méchant.

SÉQUENCE 3

Support

Le premier avait un tromblon, le deuxième un soufflet qui lançait du poivre, et le troisième une grande hache rouge.

Pistes

Lecture

➟ *En faisant parler l'illustration*, les mots **arme**, **hache** et **soufflet** ressortiront facilement… Il sera intéressant d'émettre toutes sortes d'hypothèses et de remarques à propos de la particularité du soufflet, et de préciser ce qu'est cet étrange «fusil»… Puis on se raccrochera au texte.

➟ *Après la découverte du texte:*

Combien y a-t-il d'armes?

Pourquoi trois?

De quelle couleur est l'image? Les armes? Pourquoi, quel effet cela produit-il?

Exercices

- Mots en **[r]**: premier, tromblon, poivre, troisième, grande, rouge.
- **Gammes : tr**…, **vr**…
- **avait**, **avec**, **était**: ressemblances et différences - création orale de phrases avec ces mots, écrites par le maître.
- **Tableau rapide**

Le (la) maître(sse) écrit et montre des mots, les enfants disent s'ils sont ou non dans le texte.

Relie les syllabes:

bri •	• tait	sou •	• fflet
a •	• gand	pre •	• de
é •	• vait	gran •	• mier

Vrai ou faux (vrai = **X**, faux = **O**):

Il y avait trois brigands. ☐

C'est un tromblon qui lance du poivre. ☐

C'était un soufflet qui lançait du poivre. ☐

Il y avait une hache qui était rouge. ☐

Texte dérivé:

Le, le, *la*, *La*, les, *les*, la, La, lui, *lui*, *la*, *le*, *lui*, *les*

Entoure les mots qui sont dans le texte:

tromblon premier du TROGNON

Souffle soufflet papa hache

cache avait avoir rouge

Dessine :

un tromblon

un soufflet rouge qui lançait du poivre

Texte dérivé :

Le brigand a une hache.

Il était une fois un soufflet.

Le méchant brigand avait un tromblon.

Le premier était avec le deuxième.

C'était le troisième qui avait une grande hache.

Il a un soufflet.

Texte dérivé :

trois : tri, tro, tru, tre, tra…

poivre : vri, vra, vrou, vru…

grande : gri, gre, gru, gro…

premier : pri, pro, pru, pra…

SÉQUENCE 4

Support

La nuit, au clair de lune, Ils se tenaient cachés au bord de la route.

Pistes

Lecture

➟ **Questionnement oral** (facultatif, dans la mesure où les hypothèses émises spontanément par les enfants le rendent souvent inutile):

Quand cette scène se déroule-t-elle?
Comment le sait-on? (sombre, lune, hibou, silhouettes...)
Pourquoi choisir la nuit?
Que portent les brigands? Pourquoi?

Arts plastiques

➟ À partir d'une tache à **l'encre de Chine** sur papier fort, en tirant avec un **bâton**, ou en soufflant avec une **paille**, on peut faire le même genre de dessin que l'arbre de l'illustrateur des *Trois brigands*...

«Se situer dans le temps...»

➟ Travail sur l'opposition jour/nuit (Classement d'objets relatifs au jour ou à la nuit...).

Exercices

• *ait/aient*: déjà vus dans **était, avait, lançait, tenaient...** Deux pistes possibles:

– *Conjugaison:* À partir de phrases simples, faire oralement de l'imparfait/présent/futur:

Il se tenait caché... *Aujourd'hui, il se...* *Demain, il se...*

– *Orthographe:* Après étude des ait/aient, le (la) maître(sse) donne des phrases avec avait/avaient, ou était/étaient, les enfants écrivent sur leur ardoise celui qui convient.

• **[a]**, **[r]**, **[l]**; étiquettes; identification des mots, syllabes dans le texte, même chose hors texte...

• Bien remarquer que la majuscule «irrationnelle» du Ils désigne les trois brigands: elle pourra aider à les identifier par la suite.

Complète avec ces mots : **lune, route, cachés, brigands, nuit** :

1. Les brigands se tenaient .... au bord de la route.

2. C'était la nuit, au clair de ....

3. C'est l'histoire de trois ....

4. Ils étaient cachés au bord de la ....

5. C'était la .... , au bord de la route.

Sépare les mots :

Lestroisbrigandssecachaientdanslanuit, auclairdelune, auborddelaroute.

Étiquettes pour reconstituer des phrases dictées avec modèle :

il	elle	avait	était	une	fois
y	la	c'	nuit	lune	route
une	un	chapeau	manteau	.	

Complète avec **avait** ou **avaient**:

1. Les brigands........................... un tromblon et une hache.

2. Benoît........................... un bonnet.

3. Le premier brigand............... un tromblon.

4. Il y........................... un clair de lune.

5. Ce brigand.................. un soufflet à poivre.

Texte dérivé:

*Il ét**ait** une fois trois brigands.*
Ils av**aient** de grands chapeaux noirs.
*Le premier av**ait** un tromblon, le deuxième av**ait** un soufflet, et le troisième av**ait** une grande hache.*
Ils av**aient** tous des armes.
*La nuit, ils se ten**aient** cachés.*
C'ét**ait** la nuit, au clair de la lune.
*Il y av**ait** des brigands noirs au bord de la route.*
La nuit, au bord de la route, au clair de lune, les brigands ét**aient** cachés.

Découpe les trois personnages et remets-les en ordre en suivant les indications du texte:

le premier avait un tromblon • le deuxième un soufflet qui lançait du poivre • et le troisième une grande hache rouge

Textes d'évasion :

LA LUNE

La nuit, tu montes dans mon rêve,
Lune adorable qui se lève ;
Si pâle et douce, je te vois ;
Et la paix nocturne est ta voix.

Jean Lahor

LA LUNE, LE LAC ET LE LOUP

La lune luit dans l'eau du lac
Où le loup lape, lape l'eau,
Lape, lape, lape le O
Que peint la lune sur le lac
Avec une plume d'oiseau.

Pierre Coran, Gabriel Lefebvre

SÉQUENCE 5

SUPPORT

Ils faisaient peur à tout le monde. Lorsqu'Ils apparaissaient, les femmes s'évanouissaient de frayeur, les chiens filaient ventre à terre, et les hommes les plus courageux prenaient eux-mêmes la fuite.

PISTES

Lecture

➟ Analyser grâce à l'illustration tout **ce qui traduit la peur** sur la double page, ce qui la provoque et ce qui l'exprime, devrait faire ressortir les notions (si ce ne sont les termes mêmes) de **peur**, **évanouissement** et **fuite**...

➟ On peut dès lors se raccrocher par ce biais-là au texte; il faudra également remarquer à nouveau les terminaisons de l'imparfait, qui ne sont plus tout à fait des inconnues maintenant (5 dans le document, sans compter le piège de f**ai**saient)...

EXERCICES

• Travail grapho-phonologie: repérage **ait/aient** - piège de f**ai**saient - **femmes** - **frayeur** -

• Texte riche en *sons*: - **[r]**: 8
- **[a]**: 6 (en comptant *femme*...)

• **Conjugaison**

Pour s'imprégner du **[ε]** de faisait, travail intéressant sur je faisais, il faisait, ils faisaient...*

• Construction de phrases avec lorsque, **lorsqu'**...

• **Gammes**

hommes→ho, hu, hi, ha,...

chiens→chi, chu, cha, cho, chou...

Complète avec **faisait** ou **faisaient**:

1. Les brigands.. peur.

2. Le chien.. peur au chat.

3. Cécile et sa maman.. des achats.

4. Benoît.. du café.

5. Il.. peur à tout le monde.

Écris les lettres qui manquent:

Les b□ig□□ds fais□□□□□ peur à tout le m□□de.

Les chiens f□laient ventre à te□□e.

Ils □vaient de gr□□ds ch□peaux.

Vrai ou faux (vrai = **X**, faux = **O**):

1. Les brigands faisaient peur à tout le monde. ☐

2. Les femmes s'évanouissaient. ☐

3. Les hommes filaient ventre à terre. ☐

4. Même les hommes courageux avaient peur. ☐

5. Les chiens avaient peur. ☐

6. Les chats avaient peur. ☐

7. Il y avait trois brigands. ☐

8. Ils avaient tous les trois des chapeaux. ☐

9. Ils apparaissaient la nuit. ☐

10. Lorsqu'ils apparaissaient, tout le monde prenait la fuite. ☐

Texte dérivé :

Lorsqu'ils apparaissaient, tout le monde partait.
Lorsque mon chien veut faire pipi, il aboie.
Lorsque je te vois, je suis heureux.
Quand tu es là, ça va mieux.
Quand elle était là, c'était très bien.
« Si j'ai peur, je file ventre à terre », dit le chien.
Lorsqu'elle avait très peur, elle s'évanouissait.

Texte dérivé :

pre, pré, pru, pri ❄ pir, por, par, pur

Séquence 6

Support

Si des voitures passaient, Ils soufflaient du poivre dans les narines des chevaux et, naturellement, les voitures s'arrêtaient.

Pistes

Lecture

➟ Les habitudes de découverte du sens doivent être rodées... Les mots connus, reconnus ou déchiffrés aident à appuyer les hypothèses...

➟ «**naturellement**» devra être éclairé, dans le contexte et de façon générale (on travaillera d'ailleurs plus loin sur les adverbes...)

➟ *Combien le texte compte-il de lignes? De phrases? De mots?*

Exercices

• Travail oral sur la **construction de phrases** du type: **«Si..., alors...»** (construction bien utile en mathématiques également...); le (la) maître(sse) peut lancer la production en donnant le début.

Exemple: «Si la voiture ne s'arrêtait pas,...» (Il peut être intéressant de **changer le temps du verbe de la première proposition** de la phrase...)

• Recherche de **[s]**: *si, passaient, soufflaient, s'arrêtait.*

• Jeu de lecture: **substitution**: une phrase est montrée, lue,... dire quel mot manque, ou changer un mot... notamment avec *s'arrête, s'arrêtait, s'arrêteront, s'arrêtaient,...*

• À la recherche des ait/aient... (encore 3 dans le texte...)*

• Les chiffres et les mots...*

Dans l'extrait ci-dessous, souligne les mots se terminant par **ait** ou **aient**, et colorie ces terminaisons en jaune.

Le pachyderme obstiné ne voulait pas
quitter ces drôles de petites bestioles.
Il les suivait partout.
Les pauvres Ratinos devaient faire très attention
à l'endroit où il mettait les pieds :
l'accident pouvait arriver à chaque instant.
« Eh l'écraseur, rentre chez toi ! »
protestaient les promeneurs affolés.

Combien ?

un cheval - trois chevaux - quatre chevaux - deux chevaux.

Texte dérivé :

Si une voiture passe, tu siffles.
Les brigands soufflaient du poivre.
Il y avait du poivre dans les narines des chevaux.
Lorsqu'une voiture passait, le brigand au soufflet arrivait.
Les voitures s'arrêtaient.
Le cheval s'arrêtait.
Les chevaux s'arrêtent vite.
Naturellement, l'homme s'arrête.

Texte dérivé :

il souffl**e**
ils souffl**aient**
elle s'arrêt**e**
elles s'arrêt**ent**
elle s'arrêt**ait**
elles s'arrêt**aient**

un cheval → des chevaux
un bocal → des bocaux
un journal → des journaux

*un **ch**at - un **ch**ien*
*un **ch**eval - un **ch**ou*
*une va**ch**e - une tâ**ch**e*

SÉQUENCE 7

Support

Alors, Ils démolissaient les roues...
Puis, avec le tromblon, Ils menaçaient les voyageurs et les dévalisaient.

Pistes

Lecture

➟ *À quoi sert la hache? À quoi sert le tromblon?*

Observez les personnages (les voyageurs): Où est passé le monsieur à chapeau et lunettes de la page avec la hache? Comment expliquer cela? (**Le non-dit**, à construire soi-même... Ici on nous présente la vie de rapine des trois brigands, plusieurs attaques de diligence...)

Exercices

• Dans le temps de découverte du sens des quatre pages de l'album, travail sur les synonymes:

– **menacer**: faire peur, effrayer, faire du chantage, forcer à,...

– **brigands**: bandits, méchants, voleurs, malhonnêtes,...

– **dévaliser**: voler, dérober, prendre son bien, cambrioler,...

• Jeux de lecture avec **voyage, voyageur, voyager,...** pour imprégner la graphie complexe «**oy**».*

• Graphie **ui** de **puis**, déjà vue dans **nuit**: nuit, lui, celui, puis, pluie, fruit, bruit, aujourd'hui, cuir, un puits, une huître, cuit, cuite... (cf. Catalogue orthographique pour l'école élémentaire de J. Bonnet, P. Guibert et T. Gastineau publié à l'École, page 56).*

• Reconstitution de texte (avec ou sans modèle selon le niveau des enfants et leur habitude de ce genre d'exercices).*

Vrai ou faux?

Le brigand soufflait du poivre dans les narines des chevaux. ....

Les brigands soufflaient du poivre dans les narines des voyageurs. ....

Les voitures ne s'arrêtaient pas. ....

Les bandits démolissaient les roues. ....

Ils volaient les voyageurs. ....

Entoure les mots où tu entends **[a]** :

si chevaux naturellement dans

narines prenaient courageux

brigands hache lançait le

Le brigand a démoli le texte. Remets-le en ordre :

le tromblon,

Alors,

les voyageurs

les roues…

ils démolissaient

ils menaçaient

Puis, avec

dévalisaient

.

et les

Texte dérivé:

Ils démolissaient les roues.
Il démolit la voiture des voyageurs.
Elle a démoli ma voiture.
Elle dévalisait les maisons et les voyageurs.
Tu as dévalisé la voiture de mon papa.
Avec sa hache, il démolit tout.
Avec les brigands, on démolissait les voitures.

Texte dérivé:

Un voyage - un voyageur - il voyage - tu voyages - elles voyagent

SÉQUENCE 8

Support

Leur cachette était dans une caverne en haut de la montagne. C'est là qu'Ils transportaient ce qu'Ils avaient volé.
Ils avaient des coffres pleins d'or, pleins de perles, de bijoux et de pierres précieuses.

Pistes

Lecture

➟ *Combien y a-t-il de majuscules dans ces phrases? Combien de phrases?*
À quoi correspondent les majuscules?
Où se trouve leur repaire? Dans quoi les brigands ont-ils leur fortune?

Écriture

➟ *Que peuvent donc se dire les brigands?*★

➟ Synthèse: Remettre en ordre les illustrations déjà vues★, et donner un titre ou créer une phrase pour chacune d'elles.

Exercices

À propos de **<u>ca</u>chette** - **<u>ca</u>verne**

• Devinettes: le (la) maître(sse) donne oralement des définitions correspondant aux mots suivants, écrits au tableau; les enfants doivent les identifier.
canard - canoë - casquette - carré - canapé - canne - cartable…

• Transformation de la phrase «membre à membre»: *C'est <u>là</u> qu'Ils <u>transportaient</u> ce qu'<u>Ils</u> avaient <u>volé</u>….* notamment les mots ici soulignés.

Écris **vrai** ou **faux**:

Les brigands avaient une cachette. ....

Leur cachette était un canard. ....

Ils avaient des coffres pleins d'or. ....

Ils avaient aussi des carottes. ....

Leur cachette était en haut. ....

Leur caverne était en bas. ....

Ils transportaient ce qu'ils avaient volé en haut, sur la montagne. ....

Complète **un** ou **une**:

.... chat, ... cachette,

.... coffre, ... brigand,

.... femme.

Remets les vignettes dans l'ordre de l'histoire et éventuellement donne un titre ou écris une phrase pour chacune d'elles.

Texte dérivé :

un canard ◆ le canoë ◆ une casquette ◆ un casque ◆ le carré ◆ un canapé ◆ la canne ◆ leur cartable

Texte dérivé :

Les brigands étaient en haut de la montagne.
Le chien est en bas, dans sa niche.
En haut, il y avait une caverne.
En bas, dans la rue, il n'y a pas de voiture.
C'est là que Rémi habite.
C'est ici qu'il y a des coffres pleins de pierres.
Ils volaient tout ce que les voyageurs transportaient.
Ils volaient tout ce qu'il y avait dans les voitures.

Texte dérivé :

J'achète tout ce que tu veux. Il achète ce qu'il veut. Elle achète ce qu'elle peut. Nous achetons ce que maman nous dit.

SÉQUENCE 9

SUPPORT

Mais voilà qu'une fois, par une nuit très sombre, Ils attaquèrent une voiture où il n'y avait qu'un seul voyageur.
Et c'était une pauvre petite fille qui s'appelait Tiffany.
Elle était orpheline et se rendait auprès d'une vieille tante grognon chez qui elle allait vivre désormais.
Cela ne lui plaisait pas du tout! Et elle fut contente quand, tout à coup, les trois brigands se dressèrent devant elle.

PISTES

Lecture

➟ Pour la première fois dans la découverte de l'album, les enfants se trouvent confrontés à **un texte long**; après avoir émis des hypothèses sur sa teneur, on pourra, selon le niveau de la classe, ne travailler dans un premier temps que sur une partie du texte, jusqu'à «Tiffany.» par exemple.

➟ *Que se passe-t-il? Où est le brigand? Où est la petite fille? Que fait-elle là? Pourquoi est-elle toute seule? Comment paraît-elle* (sentiment: peur? joie?..)*? Comment paraît le brigand? Pourquoi l'image est-elle découpée comme ça? On dirait que nous, lecteurs, regardons par où? À la place de qui?*

➟ Nombreux **mots connus**, situés au début du texte, aideront à démarrer le «décodage»: *fois - nuit - voiture - voyageur.*

EXERCICES

De par la difficulté liée à la longueur même du texte, on s'appuiera essentiellement sur le texte seul pour travailler.

• Mots à expliciter: **sombre - orpheline - grognon - désormais - se dressèrent**.

• Inventaire collectif des sons:

[wa] : voilà, fois, voiture, voyageur

[i] : nuit, ils, petite, fille, qui, Tiffany, il, n'y, voyageur

[ɛ] : mais, très (…), avait, et, c'était, s'appelait

• *Phrase montrée*: il s'agit de **montrer au tableau** plusieurs **mots piochés** çà et là sur le texte; l'enfant ne doit dire ce qu'il a lu qu'une fois terminé l'ensemble des mots montés (*Exemple: Le maître (la maîtresse) montre, les élèves regardent en silence: ils... attaquèrent... une... fille... Quand le maître a fini de montrer, l'enfant doit dire la phrase montrée, intériorisée: «Ils attaquèrent une fille»*)

• L'épisode étant déjà long, on peut en profiter pour **travailler sur le repérage dans la «quantité»**, apprendre à ne pas s'en effrayer: en reprenant tout l'album depuis le début, le (la) maître(sse) lit et demande (peut-être en deuxième lecture) de **repérer** (souligner/colorier/entourer/...) **certains mots**; à cette occasion, on peut faire formuler par les plus «forts» le moyen employé pour reconnaître le mot, et ainsi aider les plus «faibles».

• Repérer **les différentes façons de désigner un personnage***

– *Pour Tiffany: Tiffany, un seul voyageur, pauvre petite fille, elle (4 fois).*

– *Pour les brigands: Ils, les trois brigands.*

Chaque fois qu'on parle du personnage, souligne avec sa couleur (**Tiffany** en **rouge** - les **brigands** en **jaune**) :

L'aide de l'adulte est nécessaire pour expliquer ce travail.

Mais voilà qu'une fois, par une nuit très sombre, **Ils** attaquèrent une voiture où il n'y avait qu'**un seul voyageur**.

Et c'était **une pauvre petite fille** qui s'appelait **Tiffany**.

Elle était orpheline et se rendait auprès d'une vieille tante grognon chez qui **elle** allait vivre désormais.

Cela ne **lui** plaisait pas du tout! Et **elle** fut bien contente quand, tout à coup, **les trois brigands** se dressèrent devant **elle**.

Dans le texte suivant, des mots ont été enlevés et remplacés par des numéros; à l'aide des listes en bas du texte, entoure celui qui convient:

Mais voilà qu'une (1), par une nuit (2) sombre, ils attaquèrent une (3) où il n'y avait (4) seul voyageur. Et c'était une pauvre (5) fille qui s'appelait (6).
Elle (7) orpheline et se (8) auprès d'une (9) tante (10) chez qui elle (11) vivre désormais. Cela ne lui (12) pas du (13)!
Et elle fut (14) contente quand, tout à coup, les brigands se (15) (16) elle.

1. voie moi fois	**9.** vieilu vieillot vieille
2. trop très trois	**10.** mignon grignon grognon
3. voyageuse voiture voile	**11.** allait va alla
4. que qu'une qu'elle qu'un	**12.** plaît plaisait plaira
5. papa petite pauvre	**13.** tou toi ta tout
6. Toffany Tuffany Céffinny Tiffany	**14.** bof chien bien
7. était est avait	**15.** dressèrent dresseront dressa
8. rondait rendait	**16.** derrière devint devant

Texte dérivé:

☆ Mais elle allait voir une vieille tante grognon.

☆ Mais, désormais, elle vivait chez la vieille dame.

☆ Ils allaient dans une maison toute sombre.

☆ Ça te plaisait? Non, ça ne me plaisait pas, mais je devais le faire.

☆ Je suis content, elle est contente, ils sont contents, elles sont contentes.

☆ Je viens, mais il faut que je reparte vite auprès de maman.

SÉQUENCE 10

Support

Comme il n'y avait dans la voiture rien d'autre à prendre que Tiffany, Ils l'emportèrent précieusement dans leur caverne.
Là, Ils lui firent un lit moelleux.

Pistes

Lecture

➡ Les enfants sont maintenant familiarisés avec l'histoire, les personnages, ils reconnaissent un certain nombre de mots: il sera certainement intéressant à ce moment de la progression de leur laisser **un temps de lecture, individuel ou à deux**, avant la découverte collective du texte: celle-ci s'en trouvera certainement écourtée, d'ailleurs...

➡ *Qu'est-ce qui, dans le texte, montre que les brigands font attention à Tiffany? Et sur l'image?*

Y a-t-il un autre indice sur cette «attention» dans le deuxième morceau du texte?

Comment l'illustrateur a-t-il rendu l'impression de la caverne?

Comment paraît Tiffany?

Exercices

- Déplacement du groupe nominal **«dans la voiture»**
- **précieusement**, précieuse, précieux, précieuses
- **Ils l'emportèrent**: singulier, présent, futur
- **Adverbes**: à l'occasion de «précieusement», on peut aborder les adverbes: avec douceur, avec rapidité, avec gentillesse,...*
- **Possessifs**: à propos de «leur», découvrir mon, ma, ton, ta, son, sa, ses.

Relie:

avec douceur •	• gentiment
comme du précieux •	• précieusement
avec rapidité •	• doucement
avec gentillesse •	• rapidement

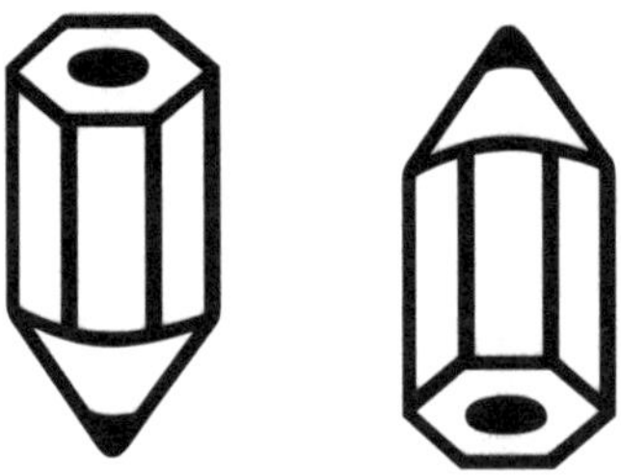

Entoure les mots où tu entends **[r]**:

COMME avait ***voiture***

dans *rien* prendre

précieusement leur *CAVERNE*

lit **moelleux** ils *sortir*

Retrouve et entoure chaque mot du texte qui a été remplacé par un numéro :

Comme il n'y avait dans la (1) (2) d'autre à (3) que (4), ils (5) précieusement dans (6) (7). Là, (8) lui firent un (9) moelleux.

1. toiture voile voiture

2. bien tien mien rien

3. rendre prendre vendre tendre

4. Toffany Tiffanoi Tiffany Tiffani

5. l'apportèrent t'emportèrent l'emportaient l'emportèrent l'emporteront

6. beurre heure les leur

7. caverne caserne cafetière

8. il elle elles Ils lui

9. mit dit lit li lu

Texte dérivé :

précieux	➛	précieuse**ment**
doux	➛	douce**ment**
lent	➛	lente**ment**
rapide	➛	rapide**ment**
gentil	➛	genti**ment**

[ã]
d**an**s
pr**en**dre
emporter
précieuse**ment**
mam**an**
v**en**dredi
déc**em**bre

Texte dérivé :

Le brigand emporte Tiffany.
Il emporta la petite fille.
Les brigands emportent doucement Tiffany.
Le bandit a emporté la fille.
Je l'ai vu qui emportait la fillette.
Ils font un lit bien moelleux.
Elle me fait un lit très doux.
Ils firent un bon lit pour Tiffany.
Tu me feras un bon lit pour ce soir.
C'était leur caverne et leur lit.

SÉQUENCE 11

Support

Le lendemain, quand Tiffany s'éveilla, elle vit les coffres remplis de trésors.
«Mais qu'est-ce que vous faites de tout ça?» demanda-t-elle aux brigands.
Ceux-ci se regardèrent, tout étonnés: jamais Ils ne s'étaient demandé ce qu'Ils pourraient faire de toutes ces richesses!

Pistes

Lecture

➟ Si l'on souhaite travailler au moins une fois avec cet album sur le dialogue, c'est le moment!*

Le questionnement peut aussi être abordé lors de cette séquence, puisque Tiffany nous y invite…*

➟ Et si on passait un peu par l'écrit pour poser des questions? (Questions au tableau, réponses orales des enfants).

Qui est cette petite fille? Que demande-t-elle aux brigands? Est-ce qu'il fait sombre chez les brigands? Comment Tiffany y voit-elle? Est-ce le jour? (Faire justifier les réponses à ces trois dernières questions par l'image ou le texte…)

Exercices

• **Travail sur les sons** (au choix)

– **[e]**: trésors - s'éveilla - mais - étonnés - jamais - s'étaient - demandé - pourraient - ces.

[ɛ]: s'éveilla - qu'est-ce - faites - regardèrent - faire - richesses.

[ã]: lendemain - remplis - demanda - brigands - demandé - quand.

• **Graphie**

– **ain**: maintenant - lendemain - demain - main - nain - bain - train - vilain - copain.

• *Qu'est-ce que vous faites de tout ça?…* **Les questions en QU**…: Trouver ensemble des questions sur le texte commençant par *qu'est-ce que - qui - qui est-ce qui - que - comment - quel - quelle…*

• Texte à reconstituer (à mener à deux éventuellement…)*

Découpe les étiquettes et redonne à chaque personnage les paroles qui lui conviennent:

Mais qu'est-ce que vous faites de tout ça ?	Tu y vois bien comme ça ?	Ben . . . Heuuu . . .	! ? ! ! !

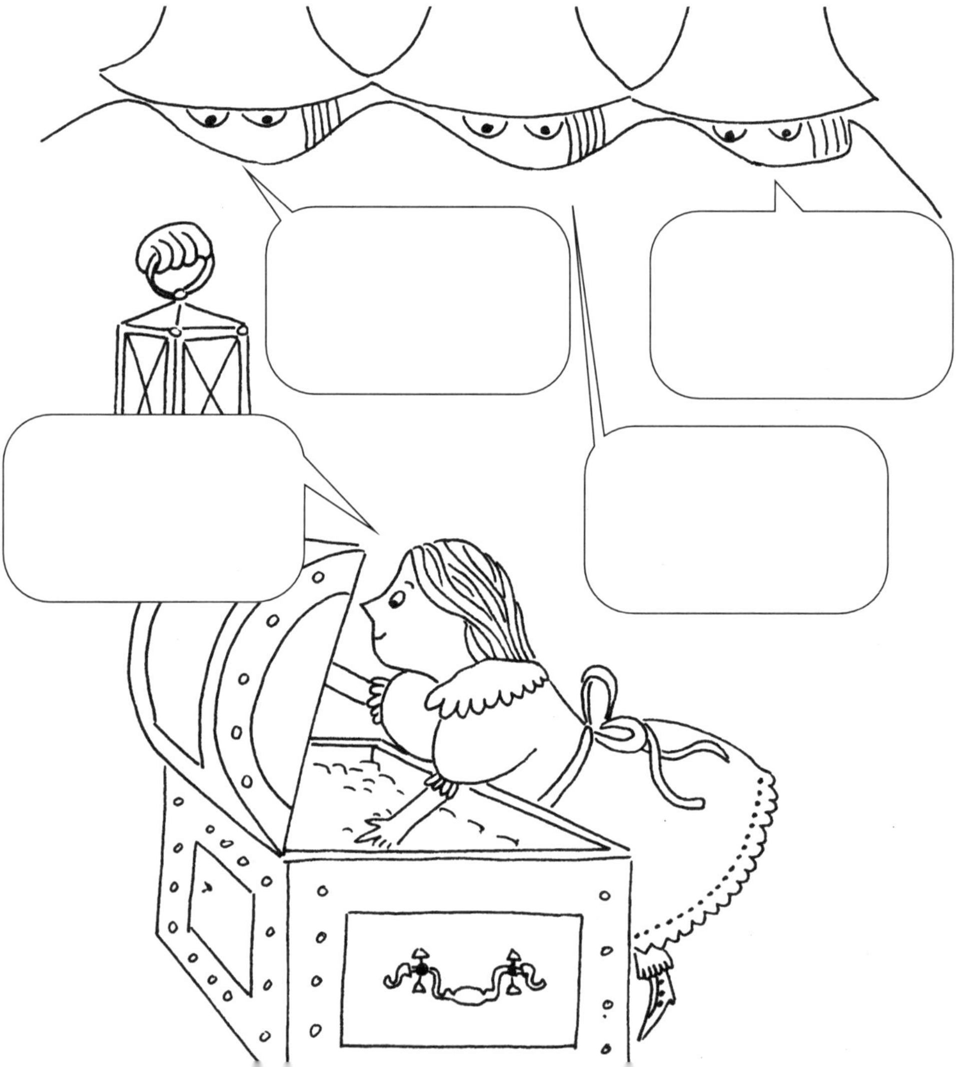

Découpe les étiquettes et remets en ordre ces morceaux de phrases:

Le lendemain, quand Tiffany s'éveilla,	remplis de trésors.
demanda-t-elle aux brigands.	de toutes ces
Ceux-ci se regardèrent,	tout étonnés:
jamais Ils ne s'étaient demandé	richesses!
ce qu'Ils pourraient faire	elle vit les coffres
«Mais qu'est-ce que vous faites de tout ça?»	

Questions:

Qui s'éveilla? ______________________________

Qu'est-ce qui était rempli d'or? ______________________________

____

Qui est étonné? ______________________________

Texte dérivé :

Tiffany voit les coffres.
Elle vit un coffre. Elle voit des coffres d'or.
Elle regarde ces coffres remplis.
Ils sont remplis d'or. Ils sont pleins de bijoux.
Ils sont pleins de trésors.
Ils sont pleins de richesses.
Les brigands les ont remplis.
Les brigands sont riches.

Texte dérivé :

[ã]

an	**am**	**en**	**em**
un brigand	une chambre	vendredi	emplis
grand	la campagne	lendemain	septembre
quand	ambulance	les dents	novembre
dans	une lampe	Florent	décembre
demandé	lampadaire		
demanda			
pantalon			

SÉQUENCE 12

Support

Alors, comme la petite Tiffany leur plaisait beaucoup,
Ils décidèrent de partir à la recherche d'autres enfants malheureux et abandonnés et de s'occuper d'eux.

Pistes

Lecture

➟ *L'image est très différente des autres... Pourquoi? Pourquoi est-elle si claire?*

Y a-t-il un grand changement chez les brigands? Lequel? Depuis quand?

Les brigands portent une pancarte: que peut-il donc y avoir d'écrit dessus? (Peut faire l'objet d'un travail en écriture de texte...)

Comment paraissent les enfants? Pourquoi? Quelle est l'autre terme qui désigne les enfants malheureux et abandonnés, sans parents, déjà vu dans le livre?

Arts plastiques:

➟ Faire le fond de l'image représentant la recherche des enfants malheureux.*

Exercices

• **Sons**

– **[ə]**: petite, leur, malheureux, d'eux.

– **[e]**: plaisait, décidèrent.

– **[ɛ]**: et, abandonnés, s'occuper.

• Construire des phrases avec **«comme»**; pour aider au début, le (la) maître(sse) peut donner le commencement des premières phrases.

Exemples: Comme il pleut,... - Comme je n'aime pas les poires,... - Comme il était malheureux,... - Comme ils trouvèrent beaucoup d'enfants,...

• Mots de la même famille que **«recherche»** (chercher, chercheur, recherché...) - même chose avec «malheureux».

• Changer le temps du récit?

• Ouverture sur les livres...: des extraits d'albums où l'on parle aussi d'enfants*, pour y retrouver le mot, pour découvrir ensemble ces albums...

Deux jeux d'étiquettes au choix pour former des phrases en fonction des mots travaillés et du niveau de la classe.

le	abandonnés	orphelins	tout seuls
.	des	de s'occuper	de prendre
et	partir	malheureux	je décide
malheureuse	des	comme	moi
toi	lui	elle	heureux
les	ils décidèrent	il	décida

il	nous préférons	je veux	sont
le	faut	est des	tout
seul	abandonnés	de	du
prendre	.	et	malheureux
heureuse	partir	les	comme
moi	malheureuse	lui	elle
heureux	toi	décidèrent	il décida
je décide	ils	nous décidons	

Remets en ordre :

aux • Tiffany • brigands • plaisait • beaucoup

Questions (entoure la bonne réponse) :

1. De qui les brigands veulent-ils s'occuper ?

des tortues des enfants heureux

des enfants malheureux

2. Est-ce que les brigands ont trouvé des enfants ?

un peu trois pas du tout beaucoup

3. Pourquoi les brigands font-ils ça ?

parce qu'ils sont vilains parce que Tiffany leur plaît

parce qu'ils sont trois

Texte dérivé :

Comme ce chien est beau !

Celui-là est fou comme un jeune chien.

Comme il était malheureux, il pleurait toujours.

Comme il fait beau, demain j'irai jouer au foot avec Benoît.

Comme il pleuvait, on ne pouvait pas aller jouer dehors.

Texte dérivé :

malheur	bonheur
malheureux	heureux, bienheureux
malheureuse	heureuse, bienheureuse

Ailleurs, de par le vaste monde des livres.

ÉTOILE

Alan Mets

Étoile jouait dans la rue, Nouréyef dansait. Une petite fille s'arrêta pour les regarder… puis un petit garçon. Bientôt, les rires des enfants de La Ville accompagnaient la trompette d'Étoile.
«Il est drôle ton nez!» fit un petit garçon.
«On dirait les tomates que j'ai achetées pour ma maman!»
«C'est un nez de clown», expliqua Étoile. À chaque enfant, il donna un nez rouge (il en avait plein les poches).

LE NOËL DE LÉOPOLD

Jennifer Dalrymphe

Le vent, qui voit avant les yeux, leur porta une odeur:
«Ça sent les hommes», dit Léopold.
«Des enfants», précisa Louis, «ils viennent vers nous.»
L'élan et son ami restèrent sans bouger dans les buissons.
Deux enfants s'approchaient en riant.
«Celui-là, celui-là», cria la petite fille en désignant un jeune sapin.
«C'est le plus joli.» Le garçon sortit une scie de son sac et coupa l'arbre.

UN JOUR CHEZ LES AUSTRALOPITHÈQUES

S. Hochain, A.-M. Bacon et V. Barriel

Près de l'entrée de la grotte, une mère donne la tétée à son bébé, tandis que les enfants jouent.

SÉQUENCE 13

Support

Ils achetèrent un magnifique château pour loger tous ces enfants. Chaque enfant reçut un manteau et un chapeau comme ceux des brigands, mais rouges.

Pistes

Lecture

➟ Questionnement collectif:

Qui est ce nouveau personnage? Que fait-il avec les brigands? Que font les brigands? Pour quoi faire?

Deuxième page: *Qui sont ces enfants? Comment sont-ils vêtus? Où entrent-ils?*

➟ À ce stade de la progression, il peut être intéressant de commencer à inciter les enfants à lire sans l'aide du (de la) maître(sse); on peut donc constituer différents groupes, après ce questionnement collectif qui oriente bien les hypothèses de lecture:

– **mini-groupe** avec le (la) maître(sse): aide au décodage, travail sur les mots proches; inventer des questions pour les autres.

– **en lecture autonome**, enchaîner les exercices; inventer des «Vrai ou Faux».

– **le groupe des plus autonomes** enchaîne individuellement lecture, exercices et recherche dans des livres de mots en **au**/**eau**.

Exercices

• **Graphies:** mots en **EAU** (p. 42 du Catalogue orthographique, *L'École*): chapeau, manteau, château, chameau, râteau, gâteau, plateau, drapeau…

• Faire des phrases avec **chaque**.

• Changer un à un tous les membres de la première phrase du texte.

• Écrire une phrase au tableau: trouver le mot qui manque.

Vrai ou faux:

Les brigands ont acheté un château. ....

Ce château est magnifique. ....

Les brigands achetèrent un chapeau. ....

Chaque enfant reçut un château. ....

Chaque enfant reçut un chameau. ....

Les chapeaux des enfants étaient rouges.

....

Les manteaux des enfants n'étaient pas rouges.

....

Il y avait beaucoup d'enfants rouges au château des trois brigands. ....

Il faut une grande maison pour tous ces enfants, alors ils achètent un château. ....

Les brigands sont comme les papas de tous ces enfants. ....

Remets en ordre et écris la phrase:

avaient acheté ✰ un magnifique château. ✰ Les brigands

Mets une croix à la bonne phrase:

Ch . q . . en . ant r . ç . t un ch . t . . . . ☐
C . h . q . . e . fa . . r . . ut u . m . . p . . . ☐
Ch . q . . e . fa . . r . . ut u . . ant . . . . ☐

Dessine un brigand noir avec cinq enfants: un **rouge**, un **bleu**, un **vert**, un **marron** et un **orange**:

Texte dérivé:

Chaque enfant a un manteau.
Chaque brigand a trois coffres.
Chaque fois, j'achète des bonbons.
Chaque fille a son petit manteau rouge.
Il achète des chapeaux pour sa maman.
C'est pour son père qu'il achète des pantalons.
Quel beau château.
Ce château n'est pas bien.
Qu'est-ce que c'est que ce chameau?

un cham<u>eau</u>
un chap<u>eau</u>
un chât<u>eau</u>
un gât<u>eau</u>
un rât<u>eau</u>
un cout<u>eau</u>
un mart<u>eau</u>
un bur<u>eau</u>
un poir<u>eau</u>

Texte dérivé:

des bur<u>eaux</u> • des poir<u>eaux</u>
des cham<u>eaux</u> • des chap<u>eaux</u>
des chât<u>eaux</u> • des gât<u>eaux</u> • des rât<u>eaux</u>
des cout<u>eaux</u> • des mart<u>eaux</u>

SÉQUENCE 14

Support

Naturellement, cette histoire fut vite connue dans toute la région, et, chaque jour, de nouveaux orphelins étaient abandonnés à la porte du château.
Ils étaient tous recueillis et vivaient là jusqu'à ce qu'ils soient en âge de se marier.

Pistes

Lecture

➟ Avant lecture: *Que signifie l'enseigne, en haut à gauche du mur? Que fait le brigand? Qui a abandonné ce bébé? Pourquoi ici?*

Deuxième page: *Qu'est-ce que ce village? Qu'a-t-il d'étrange?*

Après lecture: **Naturellement...** *trouvez où on a déjà vu ce mot dans l'album...*
«... jusqu'à ce qu'ils soient en âge de se marier...» à expliciter.

Exercices

• **Nouveaux**/nouveau/nouvelle/nouvelles: donner par oral ou écrit au tableau des phrases à compléter par un de ces mots, que les enfants écrivent sur l'ardoise (... la même activité peut être conduite pour **abandonnés**...)*

• **Graphie**

Difficulté de **recueillis**: explication, et mots proches: accueillis, cueillir...

• Exercices de réécriture, de vocabulaire: changer les membres de la phrase sans changer le sens:

Naturellement, cette histoire fut vite connue dans toute la région.

Bien sûr...

Naturellement, cette histoire fut rapidement...

• **Sons**

– **[n]**: naturellement, connus, nouveaux, abandonnés (cf. «documents» pour étiquettes).

– **[e]**: étaient, naturellement, cette, vivaient.

– **[ɛ]**: abandonnés, marier, région.

(Pour éviter toute contestation à propos de [e] et [ɛ], ne pourrait-on admettre qu'un [E] plus flou ou plus général embrasse cette distinction?)

Étiquettes à découper pour composer des phrases.

ils	un	habite
les brigands	chez	un chamois
famille	mère	recueillent
père	vivait	assez grands
abandonnés	un chameau	enfants
dans	recueillaient	enfant
une maison	qu'ils soient	sans
un chapeau	,	sans
accueillaient	les	au château
jusqu'à ce	un	jusqu'à
.	personne	ce
elles	petit	vivaient
les orphelins	abandonné	vivent
sans	sans	adultes

Barre les phrases qui ne vont pas du tout avec la phrase soulignée :

1. <u>Naturellement, cette histoire fut vite connue.</u>

a) Naturellement, cette histoire fut connue rapidement.

b) Bien sûr, cette histoire fut vite connue.

c) Bien entendu, personne n'était là.

2. <u>Chaque jour, de nouveaux orphelins étaient abandonnés.</u>

a) Tous les jours, de nouveaux orphelins étaient abandonnés.

b) Chaque jour, des petits sans famille étaient abandonnés.

c) Chaque jour, on abandonnait de nouveaux enfants seuls.

3. <u>Ils vivaient chez les brigands jusqu'à ce qu'ils soient grands.</u>

a) Ils habitaient chez les brigands jusqu'à ce qu'ils soient adultes.

b) Les brigands ne les voulaient pas chez eux.

c) Ces orphelins vivaient chez les brigands tant qu'ils étaient enfants.

d) Les brigands étaient des enfants.

e) Les brigands mangeaient des orphelins pour être grands.

Écris **nouveau** ou **nouvelle**:

1. Cécile a acheté une .... robe rouge.

2. Il a toujours quelque chose de ....

3. Un éléphant qui vole, c'est ....

4. Tu ne connais pas la .... ?

5. Dans ma classe, il y a une petite ....

Texte dérivé:

Les brigands re<u>cueil</u>laient les orphelins. *Nous ac<u>cueil</u>lons tous les enfants.* *Il ac<u>cueil</u>le tous les petits garçons abandonnés.* *Elle a re<u>cueil</u>li tous les chiens et les chats que les autres avaient abandonnés.* *La petite Céline <u>cueil</u>le des fleurs.* *La fillette <u>cueil</u>lait des pâquerettes.* *Vous avez <u>cueil</u>li toutes mes roses.*	<u>cueil</u> recueillir accueillir cueillir un cercueil un accueil elle cueillait

SÉQUENCE 15

Support

Alors, ils se construisaient des maisons dans le voisinage.
Et, bientôt, cela fit toute une petite ville. Tous ces habitants portaient un manteau et un chapeau rouges.
À la fin, ils bâtirent une muraille tout autour de la ville avec trois tours imposantes, une pour chaque brigand, pour les remercier.

Pistes

Lecture

➟ Avant la lecture : *Qu'est ce-que c'est, ce village ? Où est passé le château des brigands ? Qui habite ces maisons ?*

Après la lecture : *Qu'est-ce qui vous a plu dans cette histoire ? Quand l'histoire se « transforme »-t-elle, change-t-elle tout à coup ? Peut-on relire cette page ? Comment étaient les choses avant ? Après ?*

Synthèse

Cette synthèse peut faire l'objet d'une autre séquence après celle de découverte de cet ultime épisode…

➟ *Qui a écrit cette histoire ?*

Éditeur ? Personnages principaux ? Héros ?

➟ On explique de quoi parle ce livre à quelqu'un qui ne l'a pas lu, mais sans dire toute l'histoire… (**Rédaction** d'une sorte de quatrième de couverture…)

Exercices

• **Voisinage** : peut donner l'occasion d'évoquer et de travailler les familles de mots, d'abord collectivement, puis avec le documentaire/exercice…

• Phrases à trous avec tout/tous/toute/toutes.

• **Sons**

[o] : alors, bientôt, portaient, manteau, chapeau, autour…

• Phrases d'enfants.

• Lamartinière : trouver tel mot (dit oralement),… puis ne garder que telle syllabe… tel son.

• **il fit/il faut/il fait**…

Étiquettes pour se construire soi-même ses phrases, éventuellement les coller et/ou les écrire:

tout	bâtit	habitaient	un chapeau
les	bâtirent	une veste	une
un	à côté	verte	une muraille
des	habite	?	porte
il	ne	travaille	elle
plus	mur	,	hérissons
pas	!	construisirent	fit
non	qu'	un	construit
du	là	éléphants	juste
.	toutes	un château	un marteau
que	brigands	bâtissent	s'habillait
ici	fait	le voisinage	au
tous	avec	un gâteau	travail
fallait	dans	s'habillent	rouge
enfants	faut	un manteau	grandisse

Relie par famille :

muraille

ville

remercier

merci

village

mur

fille

mare

mort

villageois

murette

remerciements

Sépare les mots :

Tousleshabitantsdecettevilleportaientdes chapeauxrougesetdesmanteauxrouges commeceuxdesbrigands.

Vrai = **X**, faux = **O**:

1. Tous les orphelins étaient recueillis et vivaient au château. ◯

2. Quand ils étaient grands, les enfants des brigands construisaient une maison, pas trop loin. ◯

3. Il n'y avait pas de muraille autour de la ville. ◯

4. Personne ne portait de vêtement rouge. ◯

5. Tous les habitants avaient un manteau rouge. ◯

6. Tous les habitants portaient un chapeau rouge. ◯

7. Les habitants de la ville ont construit trois tours, pour remercier les brigands. ◯

8. Tous les orphelins étaient habillés comme les brigands, tout en noir. ◯

9. Les trois brigands ont fait du mal aux enfants malheureux. ◯

10. Au début, ils bâtirent une muraille tout autour de la ville. ◯

11. C'est la fin de l'histoire des brigands. ◯

Texte dérivé:

Une muraille, une paille, une maille, il taille, il bâille, il travaille, un ail, un travail, un maillot, un rail, une mitraillette, un médaillon…

Colorie de la même couleur ce qui est pareil:

Tomi Ungerer
Sept grands albums de l'école des loisirs
Les trois brigands
Jean de la lune
Le chapeau volant
Le géant de Zéralda
La grosse bête de Monsieur Racine
Allumette
Guillaume l'apprenti sorcier

Tomi Ungerer
dans la collection Lutin poche
Le géant de Zéralda
Jean de la lune
Les trois brigands
Crictor
Orlando
Émile
Adélaïde

Tomi Ungerer
dans la collection Mouche
Pas de baiser pour Maman

Tomi Ungerer
dans la collection Mouche de poche
Pas de baiser pour Maman

DOCUMENTS ANNEXES

Tableaux phonographiques

Classement général des mots de l'album dont les phonèmes ont été abordés.

Les phonèmes sont cependant considérés ici chacun dans un sens large, pour essayer de tenir compte des différences de prononciation liées aux régions et accents (que ceux qui seront offusqués par les approximations du classement veuillent bien nous pardonner…).

[a]

avec, chapeau, avait, hache, la, cachés, à, apparaissaient, femmes, s'évanouissaient, courageux, passaient, narines, naturellement, s'arrêtaient, alors, menaçaient, cachette, montagne, Tiffany, s'éveilla, ça, demanda, regardèrent, jamais, partir, malheureux, achetèrent, magnifique, château, chaque, abandonnés, âge, marier, ceux-là, habitants, bâtirent, muraille.

[r]

trois, brigands, grands, noirs, premier, tromblon, poivre, rouge, clair, bord, route, peur, lorsqu'il, frayeur, ventre, terre, voiture, courageux, narines, naturellement, alors, roues, voyageurs, leurs, transportaient, rien, autre, prendre, emportèrent, firent, précieusement, coffre, remplis, trésors, regardèrent, pourraient, faire, richesse, décidèrent, partir, recherche, malheureux, pour, reçut, histoire, région, jour, orphelins, porte, recueillis, marier, portaient, bâtirent, muraille, autour, tours, remercier.

[ɛ̃]

vilains, chiens, pleins, lendemain, orphelins.

[i]

brigands, il, vilains, premier, deuxième, qui, Ils, s'évanouissaient, chiens, filaient, fuite, si, narines, démolissaient, puis, dévalisaient, qu'ils, n'y, rien, Tiffany, firent, lit, fit, vit, remplis, ceux-ci, richesses, petite, décidèrent, partir, magnifique, histoire, vite, recueillis, vivaient, marier, ville, habitants, bâtirent, remercier.

[s]

soufflet, lançait, se, lorsqu'ils, apparaissaient, s'évanouissaient, si, passaient, s'arrêtaient, démolissaient, menaçaient, précieusement, qu'est-ce, ça, ceux-ci, ce, ses, richesses, décidèrent, reçut, cette, histoire, construisaient, cela, remercier.

[o]

manteaux, hauts, chapeaux, au, bord, alors, démolissaient, transportaient, volé, comme, d'autre, emportèrent, moelleux, coffres, trésors, aux, étonnés, beaucoup, s'occuper, château, loger, manteau, nouveaux, orphelins, porte, bientôt, portaient, autour, imposants.

[t]

trois, étaient, manteaux, tromblon, troisième, tenaient, route, tout, ventre, terre, voiture, naturellement, montagne, transportaient, autre, Tiffany, emportèrent, trésors, faites, petite, partir, château, tous, cette, histoire, vite, toute, porte, bientôt, habitants, portaient, bâtirent, tours, imposantes.

[k]

qui, clair, cachés, lorsqu'ils, cachette, caverne, qu'ils, que, quand, qu'est-ce, que, magnifique, chaque, recueillis, jusqu'à, construisaient.

[wa]

trois, fois, noirs, poivre, troisième, voiture, voyageurs, histoire, soient.

[ã]

brigands, grands, manteaux, lançait, ventre, dans, en, transportaient, prendre, l'emportèrent, précieusement, lendemain, quand, remplis, demanda, enfants, manteau, abandonnés, habitants, imposantes.

[e]

était, et, premier, cachés, s'évanouissaient, démolissaient, dévalisaient, précieusement, éveilla, trésor, étonnés, décidèrent, volé, s'occuper, loger, région, abandonnés, marier, remercier.

[ɛ]

les, avait, tenaient, des, démolissait, c'est, éveilla, ces, deuxième, s'évanouissaient, soufflet, troisième, clair, frayeur, eux-mêmes, naturellement, s'arrêtaient, cachette, caverne, emportèrent, moelleux, elle, éveilla, mais, qu'est-ce, faites, regardèrent, jamais, faire, richesses, décidèrent, recherche, achetèrent, cette, maisons, remercier.

[∂/œ]

de, premier, deuxième, faisait, peur, frayeur, courageux, ce, prenaient, eux-mêmes, menaçaient, voyageurs, leur, ceux, précieusement, moelleux, que, ceux-ci, regardèrent, petite, recherche, malheureux, achetèrent, reçut, recueillis, remercier.

[n]

une, noirs, nuit, lune, tenaient, s'évanouissaient, prenaient, narines, naturellement, menaçaient, caverne, ne, Tiffany, étonnés, connue, nouveaux, abandonnés.

[l]

les, il Ils, vilains, le, tromblon, soufflet, lançait, la, clair, lune, lorsqu'ils, filaient, plus, soufflaient, naturellement, alors, démolissaient, dévalisaient, leur, là, volé, pleins, perles, voilà, seul, s'appelait, elle, orpheline, elle, allait, cela, lui, plaisait, l', moelleux, lit, lendemain, remplis, malheureux, loger, ville

[ʃ]

chapeaux, hache, cachés, chiens, chevaux, cachette, chez, recherche, achetèrent, château

[p]

chapeaux, premier, poivre, peur, apparaissent, prenaient, passaient, puis, transportaient, pleins, perles, pierres précieuses, par, pauvre, petite, s'appelait, auprès, plaisait, pas, prendre, emportèrent, précieusement, remplis, pourraient, s'occuper, porte, portaient, imposantes, pour

ÉVALUATION

(pouvant être proposée dès la fin de la huitième séquence, sans évoquer la notion d'évaluation…)

Date: ______________________________

1. Sépare les mots: ./2

Lepremieravaituntromblonetledeuxièmeavaitunsoufflet.

2. Relie les syllabes: ./8

rou •	• mier	lu •	• vre
rou •	• ge	poi •	• ne
troi •	• te	il te •	• naient
pre •	• sième	Ils te •	• nait

3. Attache les mots en ordre pour faire une phrase: écris-la en lettres attachées: ./3

Les au de brigands cachaient
route se bord la.

____

____

4. Trouve des mots: ./5

[e]	[r]	[l]	[a]
______	______	______	______
______	______	______	______
______	______	______	______
______	______	______	______

BIBLIOGRAPHIES

Bibliographie des documents utilisés :

Catalogue orthographique pour l'école élémentaire, *J. Bonnet, P. Guibert, T. Gastineau*, L'École

Le Noël de Léopold, *J. Dalymple*, l'école des loisirs

L'intrus, *C. Boujon*, l'école des loisirs

Un jour chez les australopithèques, *S. Hochain, A.M. Bacon et V. Barriel*, l'école des loisirs

Étoile, *A. Mets*, L' école des loisirs

Répertoire thématique, albums et livres illustrés, L' école des loisirs

Bibliographie sur des thèmes effleurés :

Monstres, brigands et autres peurs
l'école des loisirs
Loup y es-tu?
L'appel des loups
John Chatterton détective
L'ogre, le loup, la petite fille et le gâteau
Lilas
Papa!
Docteur Loup
Le loup est revenu
L'anniversaire de Monsieur Guillaume
Poucet le poussin

Problèmes familiaux
l'école des loisirs
Adoption
Larirette et Catimini
Une maman pour Choco
Horace
Novembre au printemps
Orson
Le lendemain de Noël
Grenouillard, Gertrude et Justin Serpent
Grenouillard grandit
Oncle Éléphant
Moun
Peluchon
Renardeau

Enfant abandonné
C'est arrivé à Ben

Orphelin
Socrate
Noël
Eva ou le pays des fleurs